I0435819

MEMORIA

2018

Interamerican Institute for Democracy

Organización no gubernamental de los Estados Unidos de Amérida, sin fines de lucro, fundada para promover, defender, informar y fomentar la libertad, la democracia, los derechos humanos y la institucionalidad en las Américas.

2100 Coral Way Suite #500
Miami, FL 33145
U.S.A.

📞 +1 (786) 409 4554
📠 +1 (786) 409 4576
www.intdemocratic.org
iid@intdemocratic.org

f Intdemocratic
twitter 🐦 @intdemocratic
You Tube DemocracyAmericas

ISBN: 9781073409136

EDITOR
Modesto Arocha

FOTOGRAFÍA
Wenceslao Cruz

DISEÑO
Alexandria Library Publishing House

MENSAJE DEL PRESIDENTE

A los tres años cumplidos de mi Presidencia en el Interamerican Institute for Democracy, periodo máximo de ejercicio de mi autoridad, tras la aprobación unánime del Board of Directors, dejo el cargo en manos del Honorable Maurice Ferré, primer exalcalde hispano de Miami y persona de reconocida probidad y eficiencia.

Durante el 2018 el IID continuó sirviendo a los pueblos de América Latina y Estados Unidos. ¿Cómo lo ha hecho? Esencialmente, presentando y debatiendo ideas en diversos foros e instancias, como le corresponde a un think-tank cuyo objetivo fundamental es fortalecer la institucionalidad democrática y plural en nuestro hemisferio.

Siguen, a continuación, las actividades realizadas con nuestro concurso.

Carlos Alberto Montaner
Presidente

Nuestro agradecimiento a las instituciones y personas: conferencistas, panelistas y personalidades que nos ayudaron y participaron en nuestas labores en 2018.

"(...) la resolución AG/RES. 1080 (XXI-O/91) estableció, consecuentemente, un mecanismo de acción colectiva en caso de que se produjera una interrupción abrupta o irregular del proceso político institucional democrático o del legítimo ejercicio del poder por un gobierno democráticamente electo en cualquiera de los Estados Miembros de la Organización, materializando así una antigua aspiración del Continente de responder rápida y colectivamente en defensa de la democracia".

Carta Democrática Interamericana.

La teoría constituyente: Explicada en algunas lecciones por Petra Dolores Landaeta

Autor: Luis Beltran Guerra G. . Febrero 7. Lugar: IID

Presentador: Maria Amparo Grau

Profesor de derecho público, político y escritor venezolano. Reconocido jurista que ocupó el cargo de Procurador General de la República en la administración del Presidente Jaime Lusinchi (1984-1989) y Ministro de Justicia en el segundo Gobierno de Carlos Andrés Pérez (1989-1993). Doctor en Ciencias Jurídicas por Harvard; Master en Ciencias Administrativas por la Universidad de Roma y de Derecho Comparado por New York University. https://www.youtube.com/watch?v=_wUrXs3MbAc

El Dr. Luis Beltrán Guerra presenta su libro.

El fútbol es como la vida, pero mejor: Lo que conviene saber sobre el fútbol mundial

Autor: **Alexis Ortiz**. Mayo 31. Lugar: IID

Moderador: Rommel Romero, exfutbolista profesional

Alexis Ortiz: Escritor. Periodista. Diputado (miembro de la Comisiòn de Deportes del Congreso de Venezuela). Exalcalde. Exvicepresidente de la Fundaciòn del Deporte de Caracas. Conductor de programas de radio y tv en Venezuela y EE.UU. Consultor electoral. Autor de 16 libros y centenares de artìculos y comentarios deportivos. https://www.youtube.com/watch?v=YvKiHDKmOBk

Alexis Ortiz en la firma de libros.

Cocaina en Miraflores: Crónica del narco poder en Venezuela

Autor: **Maibort Petit. Junio 29.**

Presentador: Casto Ocando

Venezolana, periodista de investigación. Estudió en Caracas, Maracaibo, Pittsburgh y París. Radica en Nueva York y trabaja para medios hispanos. Ella se convirtió en una voz para los latinos en Nueva York, además de haber luchado contra la censura impuesta

Maibort Petir en el uso de la palabra.

en los medios venezolanos por el gobierno, informó sobre casos de corrupción, tráfico de drogas y lavado de dinero. https://www.youtube.com/watch?v=mwXu9VGjWNc

La falsa imagen de Fidel Castro: Evidencias irrefutables

Autor: **Alfredo Felipe Fuentes. Agosto 15.** Lugar: IID

Presentador: Francisco Rodríguez

Prisionero de conciencia del Grupo de los 75, de la Primavera Negra de Cuba en 2003, Felipe-Fuentes sufrió y sufre las secuelas del presidio político cubano. Condenado a 26 años de prisión, sin jamás recurrir a la violencia, estuvo más de 7 años encarcelado por sus actividades cívicas. La presente recopilación desenmascara, con pruebas irrefutables, al tirano Fidel Castro y a la propaganda de su injusto régimen fabricado sobre mentiras.

El autor.

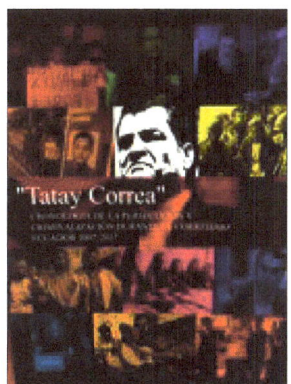

Tatay Correa
Autor: Lourdes Tibán. Agosto 21. Lugar: IID

Doctora en Jurisprudencia por la Universidad Central del Ecuador, maestra en Ciencias Sociales por la FLACSO, ex secretaria ejecutiva del Consejo de Desarrollo de las Nacionalidades y Pueblos del Ecuador (Codenpe), exasambleísta por Pachakutik, promotora del "No" en la Consulta Popular de Rafael Correa (2001) , miembro de la Comisión del Caso Gabela, candidata a la alcaldía de Salcedo, Cotopaxi, y Miembro del Foro Permanente de la ONU para las Cuestiones Indígenas por América Latina y el Caribe hasta el 2019.
https://www.youtube.com/watch?v=BB89_q3pfLk

La Dra. Lourdes Tibán durante la presentación

Dias de Sumision
Autor: Orlando Avendaño. Octubre 18. Lugar: IID

Bienvenida por Beatrice Rangel

Periodista y escritor, presenta su ensayo periodístico sobre la ingerencia de la revolucón cubana en Venezuela. Ensayo que examina con rigurosidad la penetración cubana en Venezuela y cómo cimentó el camino para que llegara a la presidencia el fallecido Hugo Chávez. Su asunción a Miraflores no fue casual, ni producto de un rechazo espontáneo de la población hacia una débil democracia que no supo preservarse a sí misma, sino que fue el punto final de la conquista de Fidel Castro a la 'joya de la corona' que representaba el país petrolero. https://www.youtube.com/watch?v=kUz9c9S-4Z4

El autor, en la presentación de su libro.

Prohibido olvidar: *Cómo el sistema democrático venezolano perdió la batalla contra Fidel*
Autor: Andres Páez.
Noviempre 1ro. Lugar: IID

Político, doctor en jurisprudencia por la Universidad Católica del Ecuador y catedrático universitario. Es autor de más de siete libros. *En prohibido olvidar* pide que recordemos por siempre la persecución judicial que ejecutó Rafael Correa. El autor considera que uno de los más grandes dramas del país es la memoria escasa y frágil de los ecuatorianos con lo que sucede a corto plazo.
https://www.youtube.com/watch?v=xYxaUaCefBY

Andrés Páez expone el contenido de su libro.

COLOQUIOS

Panorama político en Colombia
Invitado: Daniel Raisbeck

Febrero 27

Político e historiador colombiano. Ha sido candidato a la Cámara de Representantes por Bogotá y a la Alcaldía Mayor de Bogotá. Es fundador del Movimiento Libertario en Colombia. Ha asegurado que hay que disminuir el Estado para poder controlar más la corrupción, teniendo pocos funcionarios pero que sean hábiles

Crisis en frontera Colombo-Ecuatoriana y elecciones en Colombia
Invitado: Mario Pazmiño

Junio 8

Magister en Seguridad y Desarrollo. Ingeniero en Sistemas de Seguridad. Ex Director de Inteligencia del Ejército Ecuatoriano. Presidente del Centro de Análisis e Investigación Internacional CENAIN. Negociador Internacional del Mercosur. Consultor internacional sobre temas de seguridad para medios de comunicación. Articulista para distinos medios de prensa internacionales.

Cuba y Rusia
Invitado: César Reynel Aguilera

Agosto 20

César Reynel Aguilera es un médico, biólogo y escritor cubano residente en Canadá. En este coloquio presentó y argumentó su libro *El soviet caribeño: La otra historia de la Revolución cubana*, a partir de las relaciones ocultas, y durante mucho tiempo subestimadas, entre los hermanos Castro y el Partido Comunista de Cuba. César es hijo de dos reconocidos combatientes de la lucha clandestina contra la ductadura de Fulgencio Batista.

Hablemos de Cuba
Invitada: Yoani Sánchez

Mayo 3

Filóloga y periodista cubana que ha alcanzado notoriedad mundial por su blog Generación Y, donde hace una descripción crítica del gobierno dictatorial de su país, y que está bloqueado en Cuba. Es el blog de ese país con más seguidores, traducido a diecisiete idiomas por un equipo de voluntarios, ha llegado a tener más de catorce millones de visitas mensuales e inspira miles de comentarios. Ha sido galardonada con numerosos premios y distinciones

Terrorismo de Estado en Nicaragua
Invitado: Gustavo Tefel

Junio 28

Es activista del Grupo de Apoyo a Nicaragua 19 de Abril, que ha recibido amenazas y agresiones físicas en su país, estima que antes que elecciones, lo que se necesita es derrocar a los Ortega para limpiar el Gobierno. "Debe ser un proceso en el que se cambien todos los poderes para poder tener unas elecciones justas, porque el Consejo Supremo Electoral está totalmente viciado, la Corte Suprema de Justicia totalmente controlada por ellos", manifiesta Tefel.

Caso Chevron: Coloquio con Jim Craig, Chevron's media advisor.
Invitado:

Septiembre 20

En mayo de 2003, abogados representando a 48 personas demandaron a Chevron Corporation, por las operaciones de Texaco Petroleum Company, socio minoritario del consorcio con Petroecuador. Ante la falta de hechos o evidencias científicas, los abogados de los demandantes recurrieron a la presión pública y a una sentencia producto del fraude judicial en Ecuador. Sin embargo, el estado de derecho se impone en las Cortes Internacionales adonde ambos actores han llevado el caso. Últimas actualizaciones.

Encuestas y elecciones en dictaduras
Invitado: Carlos A. Cordoval

Octubre 10

Distinguido parlamentario venezolano, Abogado e Historiador. Miembro de la Sociedad Bolivariana de Venezuela. Profesor en la Escuela de Derecho y Estudios Políticos de la UCV (desde hace 44 años). Profesor en la Universidad Metropolitana y Profesor Invitado en distintas universidades nacionales y extranjeras.

Primer Coloquio sobre el Presidio Cubano
Invitado: Pedro Corzo

Octubre 12

Expreso político cubano. Trabaja en Radio Martí, en WLRN, Canal 17 y es columnista de El Nuevo Herald. Ha producido documentales: Zapata, Boitel y Los Sin Derechos. Ha escrito más de ocho libros. En este Coloquio, se evocaran los mártires del Presidio, asesinados a tiros o en golpizas, en los planes de trabajo forzado, los que murieron por falta de atención médica y los que murieron en huelgas de hambre a las que el mundo no les prestaba atención.

Cataluña hoy
Invitado: José Rosiñol

Octubre 20

El presidente de Societat Civil Catalana (SCC), José Rosiñol, ha dicho que la "reputación" de Cataluña ha "caído en picado" por culpa del procés y por ello la región se ha convertido en "una república bananera" que tardará muchos años en recuperar su "estatus a nivel mundial".

La economía venezolana: Situación y perspectivas
Invitado: Antonio Paiva Reinoso

Diciembre 12

Pavia Rinoso es profesor de la Universidad Metropolitana de Caracas, Presidente de Apecca Consultore y Miembro Grupo Santa Lucia.

CONFERENCIAS

América Latina. Posibles escenarios para un futuro inmediato.
Conferencista: Dr. Luis Solís Rivera. expresidente de Costa Rica

Septiembre 25

El conferencista se refirió a la oportunidad del tema porque la situación en América Latina es nueva para muchos países. Habló sobre la diversidad y complejidad de la región, pues hay diferencias descomunales de todo tipo entre los países (culturales, económicas, demográficas, de género). También identificó siete tendencias principales en la marcha de América Latina..

https://www.youtube.com/watch?v=X_8JQ0TNjWs

Hicieron uso de la palabra Carlos Sánchez Berzaín y Guillermo Losteau para introducir al conferencista y el tema .

Acto de Proclamación por la Unidad de Venezuela

Diciembre 11

Programa

Bienvenida por: Beatrice E. Rangel / Palabras de Apertura por: Carlos Alberto Montaner / Presentación del documento "Restablecer la Democracia y Recuperar Venezuela para la vida en Libertad" por: Paciano Padrón / Convocatoria a la acción para reestablecer la vigencia de la Constitución por: Vladimiro Mujica / Respaldo de las Organizaciones Civiles de la Diáspora venezolana / Palabras de cierre por: Carlos Sánchez Berzaín / Preguntas de representante de los medios

https://www.youtube.com/watch?v=dxiSRLIKxK0

Hablaron: Beatrice Rangel, Carlos Alberto Montaner, Paciano Padrón, Vladimiro Mujica, Luis Corona, Horacio Medina, Alexis Ortiz y Carlos Sánchez Berzaín.

VIDEOS Y CONVERSACIONES

Conversando Con Carlos Alberto Montaner
El colapso venezolano

Junio 7

Invitados: Marcel Granier y Tomás Regalado

El Interamerican Institute for Democracy patrocina el Ciclo "Conversaciones con Carlos Alberto Montaner". Se trata de una serie de entrevistas que el prestigioso escritor, periodista y Presidente de nuestro Instituto realizará a importantes personalidades, sobre temas de actualidad.

https://www.youtube.com/watch?v=y2_3QclQmfo&t=319s

![Tomás Regalado, Marcel Graniero y Carlos Alberto Montaner.]

Tomás Regalado, Marcel Graniero y Carlos Alberto Montaner.

FOROS

Amenazas a EE.UU en el Hemisferio Occidental

Febrero 15

Lugar: Congreso de los Estados Unidos, Washington, D.C.

Se puede acceder al foro en https://www.youtube.com/ "threats to the u.s. in the western hemisphere"

Primer Panel (Español)
Moderador – Beatrice E. Rangel
Cuba: Maria C. Werlau
Venezuela: Diego E. Arria Salicetti
Nicaragua: Bosco Matamoros
Bolivia: Carlos Sánchez Berzaín

Segundo Panel (Inglés)
Moderador – Beatrice E. Rangel
Cuba: Maria C. Werlau
Venezuela: Diego E. Arria Salicetti
Nicaragua: Bosco Matamoros
Bolivia: Carlos Sánchez Berzaín

Oradores especiales
Congresista EE.UU. Ron DeSantis
Congresista EE.UU. Paul J. Cook
CONCLUSIONES
Senador EE.UU. Robert (Bob) Menendez

El foro se puede buscar en Youtube con:
"Threats to the U.S. in the Western Hemisphere

Delincuencia organizada; dictadura en Venezuela; los delitos de la revolución

Programa
Palabras de bienvenida de la Moderadora Beatrice E. Rangel.
Casto Ocando: El dinero Chavista en la Florida.
Ibéyise Pacheco: Las Muñecas de la Corona.
Maibort Petit: Narcodictadura.
Palabras de Clausura: Carlos Sánchez Berzaín.

Marzo 7. Lugar: IDD

https://www.youtube.com/watch?v=cmadHLM1D24

Ibéyise Pacheco hace uso de la palabra.

Visión evolutiva de la democracia. Un evento de convergencia de saberes

Abril 10

Lugar: Miami Dade College - Wolfson Campus Auditorium (Room 1261)

https://www.youtube.com/watch?v=X6DB4E2fevw

Algunos de los integrantes, entre ellos Vladimiro Mujica, Luis Fleishman y Beatrice Rangel.

El Rol de la Iglesia Católica en la Defensa de la Democracia en Venezuela

Abril 10

Lugar: IDD

Programa:

Palabras de bienvenida por Beatrice E. Rangel.

Introducción por el Embajador Armando Valladares

Padre José de Jesus Palmar Morales.

Monseñor Pedro Freites Romero.

Carlos Sánchez Berzaín.

https://www.youtube.com/watch?v=qzC6MIx37iU

P. Pedro Freites Romero en el uso de la palabra.

Foro en Conmemoración del 19 de Abril de 1810, Independencia de Venezuela

Abril 19, Lugar: IDD
Bienvenida: Beatrice E. Rangel
Julio Paez
Eduardo Torres
Delia Belmonte
Andrea Balzan
Ernesto Ackerman
Cecilia Navas
Dr. Domingo Salgado Rodriguez
Carlos Moreno
Dr. Miguel Angel Martin
Clausura: Jorge Urdaneta
https://www.youtube.com/watch?v=m1NzlXUUFgQ

Participantes del Foro.

Libertad de Prensa en las Americas. En homenaje al Día Mundial de la Libertad de Prensa

Mayo 2
Bienvenida Juan Carlos Bermudez, Alcalde del Doral.
Mensaje de Carlos Alberto Montaner
Carlos Sánchez Berzaín (IDD)
Ricardo Trotti (SIP)

Antonio Maria Delgado
Cesar Ricaurte
Yoani Sanchez
Oscar Haza (orador principal)

https://www.youtube.com/watch?v=Oa9ocmK53vM

Como Rescatar la Industria Petrolera de Venezuela

Julio 30. Lugar IID
Moderador
Marcel Feraud
Orador principal
Diego Gonzalez
Panelistas Invitados
Horacio Medina
Hector Riquezes
Beatrice E. Rangel

En el uso de la palabra el orador principal, Diego González.

https://www.youtube.com/watch?v=saH6agfdE34

Dictadura Criminal en Nicaragua

Julio 18
Lugar: IDD

Palabras de Bienvenida
Beatrice E. Rangel
Moderador
Carlos Alberto Montaner
Panelistas
Leana Astorga
Iván Taylor
Orador Principal
Pedro Joaquin Chamorro
Conclusiones
Carlos Sánchez Berzaín
https://www.youtube.com/watch?v=y_6ntZYSoeM

Participantes del Foro.

El Derecho Humano a la Propiedad Privada

Noviembre 13
Lugar: IDD

Beatrice Rangel
Carlos Alberto Montaner
Carlos Sánchez Berzaín
Ricardo Arboleda
Juan Vega
Oscar García Mendoza
Ricardo Arboleda

Juan Vega, Oscar García Mendoza, Ricardo Degwitz, Carlos Alberto Montaner,
Carlos Sánchez Berzaín y Ricardo Arboleda.

https://www.youtube.com/watch?v=xzb9d1by_iw

HONOR Y PREMIOS

Entrega del Premio Interamericano de Prensa "Horacio Aguirre"
Periodismo de Innovación
Otorgado a INFOBAE en la persona de Daniel Hadad

Mayo 10

https://www.youtube.com/watch?v=flYdncrwg4A

Carlos Alberto Montaner entrega el premio a Daniel Hadad.

Incorporación del Sr. Tomás Regalado al Consejo Consultivo del IID
Tema: Miami, capital de los exilios

Abril 24

https://www.youtube.com/watch?v=-QEkYT4UnKQ

Tomás Regalado, autor de la expresión "Miami, capital de los exilios", agradece a los presentes.

Tributo a Maurice Ferr;e
Presentacion del "Lifetime Achievement" (Premio a la trayectoria)

https://www.youtube.com/watch?v=-QEkYT4UnKQ

Mayo 11
Maurice Ferre: fue alcalde
de Miami por seis mandatos.
También fue el primer alcalde
de los Estados Unidos nacido en
Puerto Rico y el primer alcalde
hispano de Miami.
Es Miembro Consultor del
Instituto Interamericano para la
Democracia.

Maurice Ferré, Raúl Valdés-Fauli, Carlos Sánchez Berzaín y Carlos Alberto Montaner.

Incorporación de las Sras. María Fernanda Egas y María Teresa Romero
al Consejo Consultivo del IID

Septiembre 13

Presentación: Carlos Sánchez Berzaín

Maria Fernanda presentó el trabajo: "Qué falta para terminar con la Ley mordaza en Ecuador"

María Teresa disertó sobre el tema "El principio de la no intervención como freno jurídico y político a la defensa y promoción de la democracia en Las Americas"

Carlos Alberto Montaner, presidente del IID, les dio la bienvenida.

María Teresa Romero y María Fernanda Egas.

https://www.youtube.com/watch?v=vYDDtNxtbQs&t=757s

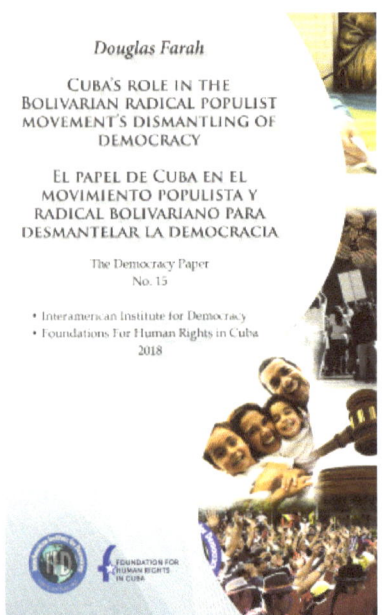

Cuba's role in the Bolivarian radical populist movement's dismantling of democracy: El papel de Cuba en el movimiento populista y radical bolivariano para desmantelar la democracia

Democracy Paper No. 15
Autor: Douglas Farah
Febrero 7

Douglas Farah es un periodista estadounidense, autor y consultor de seguridad nacional. Farah se desempeñó como jefe de la oficina de United Press International en El Salvador de 1985 a 1987, y periodista independiente para *The Washington Post*, *Newsweek* y otras publicaciones hasta que fue contratado como corresponsal de *The Washington Post* en 1992. Mientras trabajaba para el *Post*, Farah fue jefe de la oficina de Centroamérica y el Caribe hasta 1997, periodista de investigación internacional entre 1998 y 2000, y de África occidental entre 2000 y 2003. Dejó el *Post* en 2004. Es autor de dos libros y ha contribuido con publicaciones tales como el *Journal of International Affairs* y realizado análisis para Foreign Policy y el Center for Strategic and International Studies (CSIS). Actualmente es presidente de IBI Consultants LLC.

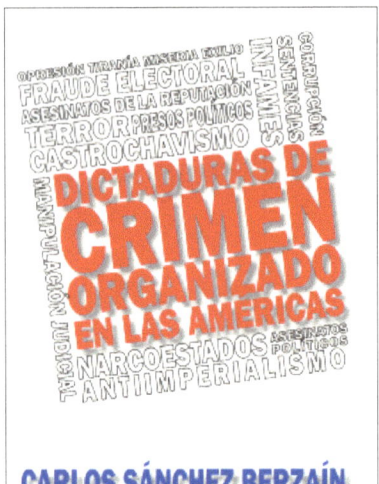

Dictaduras de Crimen Organizado en Las Américas

Autor: Carlos Sánchez Berzaín.
Junio 21

El Dr. Carlos Sánchez Berzaín deja claro en este libro que el crimen organizado transnacional está en el corazón de casi todas las principales amenazas que enfrentan las Américas en la actualidad. Estas organizaciones corroen sistemáticamente las instituciones democráticas y el estado de derecho, socavan el buen gobierno, amenazan la seguridad ciudadana, degradan los derechos humanos básicos y obstaculizan el desarrollo económico y el comercio y la inversión legítimos.
Embajador Otto Reich
https://www.youtube.com/watch?v=odLYN95SXcc

Carlos Sánchez Berzaín, junto a Carlos Alberto Montaner y María Teresa Romero

Seis ensayos sobre la democracia

Democracy Paper No., 16
Autores: Carlos Alberto Montaner, Guillermo Lousteau Heguy, Carlos Sánchez Berzaín, Beatrice Rangel, Asdrúbal Aguiar, Luis Fleishman
Septiembre 20

Carlos Alberto Montaner, nos convence de que ignorancia y economía son conceptos inversamente proporcionales entre sí, y los explica con contundencia apoyado en diez razones. - Guillermo Lousteau Heguy analiza el populismo desde el nacimiento hasta su resurgimiento como manifestación antisistema. Descubre la vara para medirlos: ¿cómo ven el rol de la constitución? - Carlos Sánchez Berzaín. Diecisiete años después del 9/11 y de la Carta Democrática Interamericana, hay cuatro dictaduras en América Latina donde antes solo existía la de Cuba. Causas y solución. - Beatrice Rangel recuerda que la enfermedad de Latinoamérica tiene su origen en la formación medieval y oscurantista que la parió como plataforma de extracción, en lugar de creación de riquezas. - Asdrúbal Aguiar defiende la democracia verdadera contra aquella popular, plebiscitaria, populista y directa, como la de Venezuela, eje del neopopulismo totalitario en boga. - Louis Fleishman argumenta que la democracia puede ser destruida por líderes electos democráticamente, y ejemplifica con las dictaduras de izquierda en Venezuela, Nicaragua y Bolivia.

Bolivia: La Patria está cautiva

Autor: Carlos Sánchez Berzaín

Octubre 17
BOLIVIA, LA PATRIA ESTA CAUTIVA es la historia documentada de la resistencia y lucha desde el exilio contra la dictadurade Evo Morales en Bolivia. Contiene la demostración de la suplantación de la República de Bolivia por un Estado en el modelo castrochavista que impone en Bolivia un régimen que la ha convertido en narcoestado y que la conduce a la peor de sus crisis en el camino de Cuba, Venezuela y Nicaragua. "En el marco de la realidad de las Américas, la propuesta del autor para sacar a Bolivia de las dictaduras del castrochavismo es de las mas claras que se conocen, y por ella avanza ahora mismo la construcción del futuro de los bolivianos, en el que Carlos Sánchez Berzain es actor vital".
Embajador Armando Valladares

ORGANIZACIÓN

Presidente:
Carlos Alberto Montaner

Consejo Consultivo
Armando Valladares
Guillermo Lousteau Heguy
Carlos Alberto Montaner
Carlos Sánchez Berzaín
Maurice Ferre
Enrique Ghersi
Gerardo Bongiovanni
James Cason
César Vidal
Raul Valdes-Fauli
Giancarlo Ibarguren
Diego Arrias
Mariano Caucino
Oscar García Mendoza
Jose I. Garcia Hamilton+
Cayetano Llobet +
Horacio Aguirre +
José I. García Hamilton +
Virgilio Beato +

Director Ejecutivo
Carlos Sánchez Berzaín

Asistente Ejecutiva
Lizandra Garriga

Directorio
Carlos Sánchez Berzaín
Guillermo Lousteau Heguy
Armando Valladares
Roberto Macho
Raúl Valdez-Fauli
Roberto A. Iriarte
Beatrice Rangel
Ninoska Hernández
Marcel Feraud
Luis Fleischman

Comités
Consejo Editorial
Roberto A. Iriarte
Derechos Humanos:
Armando Valladares
James E. Keeble
Alberto Valencia
Relaciones Públicas
Beatrice E. Rangel
Administración
Roberto Macho
Prensa
María F. Egas
Maria Pis-Dudot
Claudia Andrade
Luis Leonel León
Recaudación de Fondos
Raúl Valdés-Fauli
Digital Media
Ana Díaz +

CÓMO CONTRIBUIR

El Interamerican Institute for Democracy financia sus programas gracias a aportes y donaciones privadas. El trabajo de los consejeros, directores y miembros es voluntario y sin remuneración. El Interamerican Institute for Democracy goza del estatus 501(c) ante el IRS (Servicio Interno de Impuestos) de los Estados Unidos de América, lo que permite a los donantes deducir de sus impuestos los aportes que nos proporcionen.